D1189052

Guide de pastorale œcuménique

Assemblée des évêques catholiques
du Québec

GUIDE
DE PASTORALE
ŒCUMÉNIQUE

MÉDIASPAUL

Médiaspaul reconnaît l'aide financière du Gouvernement du Canada par l'entre-
mise du Fonds du livre du Canada (FLC), du Conseil des Arts du Canada et de
la Société de développement des entreprises culturelles du Québec (SODEC) pour
ses activités d'édition.

 Conseil des Arts du Canada   Canada Council for the Arts   Patrimoine canadien   Canadian Heritage   *Société de développement des entreprises culturelles* Québec

Catalogage avant publication de Bibliothèque et Archives nationales du Québec et Bibliothèque et Archives Canada

Vedette principale au titre :

    Guide de pastorale œcuménique

    Comprend des réf. bibliogr.

    ISBN 978-2-89420-823-6

    1. Pastorale et œcuménisme. 2. Église catholique – Relations. 3. Œcuménisme – Église catholique. 4. Pastorale – Québec (Province). I. Église catholique. Assemblée des évêques catholiques du Québec.

BX9.5.P3G83 2011   262.001'1   C2011-940133-9

Composition et mise en page : *Médiaspaul*

Maquette de la couverture : *Fabienne Prieur*

Illustration de la couverture : © *Bigstock*

ISBN 978-2-89420-823-6

Dépôt légal — 1e trimestre 2011
Bibliothèque et Archives nationales du Québec
Bibliothèque et Archives Canada

© 2011   Médiaspaul
             3965, boul. Henri-Bourassa Est
             Montréal, QC, H1H 1L1 (Canada)
             www.mediaspaul.qc.ca
             mediaspaul@mediaspaul.qc.ca

             Médiaspaul
             48, rue du Four
             75006 Paris (France)
             distribution@mediaspaul.fr

Tous droits réservés pour tous les pays.

Imprimé au Canada — Printed in Canada

PRÉSENTATION

Depuis 1993, le *Guide de pastorale œcuménique* de l'Assemblée des évêques catholiques du Québec est en circulation. Il a pu ainsi être expérimenté et a fait l'objet de nombreuses corrections et adaptations, de manière à demeurer un instrument efficace pour le dialogue avec nos frères et sœurs chrétiens d'Orient et d'Occident.

Ce guide révisé et enrichi est fondé sur les principes du concile Vatican II tels qu'ils sont proposés dans le *Décret sur l'œcuménisme*[1] ainsi que sur le *Directoire pour l'application des principes et des normes sur l'œcuménisme*[2]. Il a été constitué à la suite de nombreuses années de dialogue et de partage avec les chrétiens et

---

[1] *Unitatis redintegratio*, 21 novembre 1964.
[2] Document du Conseil pontifical pour l'unité des chrétiens, rendu public en la Cité du Vatican le 8 juin 1993 ; *La documentation catholique*, n° 2075, 4 juillet 1993, p. 609-646.

les chrétiennes de la plupart des confessions chrétiennes du Québec, dans la recherche des voies possibles de la vérité et de l'unité voulue par le Christ Jésus.

Immédiatement après le concile œcuménique Vatican II, l'engouement pour la recherche de l'unité atteignait des sommets encore inégalés. Depuis ce temps, comme les choses ne semblaient pas avancer avec la rapidité souhaitée, bon nombre de catholiques ont pris leurs distances par rapport au mouvement œcuménique, laissant à quelques spécialistes le soin de débattre les points litigieux. Et pourtant, de nombreux rapprochements et des échanges significatifs ont été réalisés entre les différentes Églises. Dès à présent, nous ne nous considérons plus comme des concurrents, mais plutôt comme les membres d'une famille qui, au fil des siècles, ont connu des divergences et des incompréhensions qu'il importe non pas de négliger, mais bien de surmonter dans la recherche de voies nouvelles vers la restauration de l'unité des chrétiens « pour que le monde croie[3] ».

---

[3] Jean 17, 21 : « Que tous soient un. Comme toi, Père, tu es en moi et moi en toi, qu'eux aussi soient en nous, pour que le monde croie que tu m'as envoyé. »

Dans le contexte particulier du Québec du XXIe siècle, tous les chrétiens et les chrétiennes sont appelés à regrouper leurs forces pour que la Bonne Nouvelle retentisse clairement. Au milieu de ce monde inquiet, à la recherche de valeurs fondamentales, alors que les groupements religieux prolifèrent, ce guide sera utile aux personnes qui veulent entretenir un dialogue fécond avec ceux et celles qui reconnaissent le Christ comme leur Sauveur et qui demeurent unis par un même baptême. Toute personne qui cherche à comprendre les difficultés reliées à l'unité des chrétiens y trouvera un appui à la réflexion et au discernement. Et surtout les animateurs et animatrices d'une pastorale ouverte sur le dialogue œcuménique le trouveront utile comme point de départ à leurs activités. Les pasteurs et les agents et agentes de pastorale de leur côté y puiseront pour alimenter leur prière et leurs travaux. Enfin, il est à souhaiter que ce guide soit également utile aux membres des Églises et des communautés ecclésiales qui ne partagent pas la pleine communion ecclésiale.

Il s'agit donc de poursuivre l'œuvre entreprise depuis la naissance du mouvement œcuménique et de contribuer à l'effort commun sous la direction de l'Esprit pour retrouver l'unité voulue par le Christ, chacun y prenant une part active, comme le demandait le Concile[4].

+ *Louis Dicaire*
Évêque auxiliaire à Saint-Jean-Longueuil
Président du Comité de théologie
de l'Assemblée des évêques catholiques
du Québec

---

[4] *Unitatis redintegratio*, n° 4.

INTRODUCTION

Comme Seigneur de l'Église, le Christ
fait don du Saint-Esprit pour créer une
communion des hommes avec Dieu
et entre eux. Porter cette koinonia à
la perfection, tel est le dessein éternel
de Dieu. L'Église existe pour être au
service de la réalisation de ce dessein
alors que Dieu sera tout en tous[1].

En ces mots, la plupart des catholiques
reconnaissent les motifs profonds de leur
engagement au service de l'unité à l'intérieur
de leur Église. S'il est une chose qui leur tient
à cœur et pour laquelle ils travaillent avec
détermination, c'est bien la vitalité et l'har-
monie de leurs communautés, qu'elles soient
paroissiales ou autres. Au nom du Christ, ils
cherchent à réaliser en elles la communion

---

[1] Commission internationale anglicane-catholique romaine
(ARCIC I), *Jalons pour l'unité*, Paris, Cerf, 1982, p. 60.

des personnes avec Dieu et entre elles. Mais ce passage montre aussi l'envergure de notre communion dans le Christ. On ne peut pas imaginer une paroisse qui se suffirait à elle-même, coupée des autres paroisses, coupée de son diocèse. Ce serait blesser la communion que nous avons dans le Christ. Notre action pastorale est ainsi toujours reliée aux autres paroisses d'un diocèse et à l'ensemble de l'Église universelle. C'est une exigence de la nature même de l'Église : elle est une communion. Comme nous en avertit l'apôtre Paul, briser cette communion c'est « diviser le Christ[2] ».

C'est malheureusement ce que l'Histoire a démontré aux chrétiens : la division des Églises blesse la communion que nous avons dans le Christ. C'est une écharde dans la chair de l'Église. Voilà pourquoi le mouvement actuel des chrétiens en vue de retrouver l'unité visible qu'ils ont perdue – qu'on appelle le mouvement œcuménique – doit être considéré comme une grâce insigne que Dieu fait à l'Église aujourd'hui.

On sait que le mouvement œcuménique est né des sociétés missionnaires protestantes[3] au début du XXᵉ siècle. Les catholiques ne s'y

---

[2] 1 Corinthiens 1, 13.
[3] Conférence d'Édimbourg, 1910.

intéressèrent que tardivement. Bien que des groupes de prière œcuménique aient existé depuis la fin de la Seconde Guerre mondiale, avec l'abbé Couturier, c'est surtout au bienheureux pape Jean XXIII que nous devons d'avoir lancé l'Église catholique dans ce mouvement. D'ailleurs, il avait explicitement convoqué le Concile pour deux raisons[4] :

– la rénovation intérieure (*aggiornamento*) de l'Église catholique ;
– le service pour la cause de l'unité chrétienne.

Dans la foulée de ces objectifs, le mouvement œcuménique a été consolidé et a commencé à porter davantage de fruits. Mais la route vers la pleine unité est longue et souvent laborieuse. Puisqu'il en est ainsi, la tentation sera forte de laisser tomber et de classer les objectifs du mouvement œcuménique parmi les utopies. Pourtant, il importe de tenir bon et de poursuivre le cheminement qui nous conduit les uns vers les autres, en ayant la certitude que s'exprime ainsi la volonté de Dieu.

De plus, à cause de la recherche souvent singulière de vérité et d'absolu qui conduit

---

[4] D'après le père Yves CONGAR, *Présentation du Décret sur l'œcuménisme*, Paris, Centurion, 1965, p. 165.

un grand nombre de nos contemporains vers des pratiques spirituelles insolites, voire ésotériques, il importe de resserrer les liens qui unissent au Christ tant de personnes issues de traditions diverses.

Servir la cause de l'unité des chrétiens fait partie intégrante de la rénovation intérieure de l'Église, cette mise à jour (*aggiornamento*) voulue par Jean XXIII et poursuivie assidûment par ses successeurs Paul VI, Jean-Paul II et maintenant Benoît XVI.

Chapitre 1

LES ÉGLISES CHRÉTIENNES
AU QUÉBEC

Parmi les vœux du concile Vatican II dans le domaine de l'œcuménisme, il en est un qui paraît essentiel à ceux et celles qui se préoccupent de l'unité des chrétiens : « Il est nécessaire que des catholiques bien préparés acquièrent une meilleure connaissance de la doctrine et de l'histoire, de la vie spirituelle et cultuelle, de la mentalité religieuse et de la culture propre à leurs frères (séparés)[1]. » Les lignes qui suivent esquissent une description sommaire des Églises chrétiennes que l'on rencontre le plus souvent au Québec.

---

[1] *Unitatis redintegratio*, n° 9.

1. LES CHRÉTIENS
DES AUTRES CONFESSIONS[2]

Dès les premières années d'existence de l'Église fondée par Jésus Christ, la question de l'unité est devenue une préoccupation importante pour ses responsables. Même durant le ministère public de Jésus, certains s'étaient mis à chasser les démons en son nom sans appartenir au groupe des Douze[3]. Plus tard et à plusieurs reprises, l'apôtre Paul avait dû insister sur la nécessité de garder l'unité comme principe impératif de la vie chrétienne[4]. Mais, avec le temps, les différences entre les Églises d'Orient et d'Occident devinrent insurmontables. Des divisions majeures apparurent alors. Certaines demeurent encore aujourd'hui. Par ailleurs, des événements de l'Histoire ont amené un certain nombre de chrétiens orientaux à renouer les liens de communion avec l'Église de Rome. Ils ont cependant gardé leurs rites distincts. Ils ont parfois leur propre évêque, d'autres sont sous

---

[2] Cet aperçu pourra être complété par ASSEMBLÉE DES ÉVÊQUES CATHOLIQUES DU QUÉBEC, *Guide canonique et pastoral au service des paroisses, Édition canadienne*, Montréal, Wilson et Lafleur, 2006, chapitre 9, p. 159-169. (Désormais cité simplement comme *Guide*).

[3] Marc 9, 38-40.

[4] Voir en particulier Romains 12, 4 ; Éphésiens 4, 15-16 ; 1 Corinthiens 12, 4.12.27.

la juridiction de l'évêque catholique romain du lieu[5]. Nous les connaissons sous l'appellation générique d'Églises catholiques orientales.

Les orthodoxes

On appelle « orthodoxes » les chrétiens des Églises d'Orient demeurées attachées à la doctrine des sept premiers conciles œcuméniques. Depuis le Ve et ensuite le XIe siècle, elles ne sont plus en pleine communion avec l'Église de Rome.

Au Ve siècle, les chrétiens qui n'acceptèrent pas les définitions du concile de Chalcédoine (451) sur les deux natures du Christ, se séparèrent du reste de la chrétienté. Au Québec, on les rencontre surtout dans les Églises arménienne, copte, syriaque, éthiopienne et érythréenne. On les appelle quelquefois les Églises préchalcédoniennes. Notons que les entretiens personnels et les déclarations officielles de foi commune que les papes Paul VI et Jean-Paul II ont eus avec les chefs de ces Églises ont montré que les différences qui ont opposé les chrétiens d'Orient et d'Occident au

---

[5] Sur toutes les questions relatives aux orthodoxes et aux catholiques de rite oriental, voir « Les Églises de tradition orientale, guide pastoral », *Œcuménisme*, n° 74, juin 1984.

sujet de la christologie portaient plutôt sur des différences de vocabulaire. Par conséquent, la foi christologique est fondamentalement la même dans les deux groupes.

Au XIe siècle, alors que depuis toujours l'Église d'Orient reconnaissait une primauté d'honneur à l'Église de Rome, celle-ci développa une vision monarchique d'elle-même. C'est pourquoi ses efforts pour appliquer en Orient la réforme grégorienne ont révélé l'immense fossé culturel qui s'était creusé, avec les siècles, entre l'Église latine et l'Église byzantine. L'éloignement et l'incompréhension réciproques se cristallisèrent en 1054, alors que le légat du pape et le patriarche de Constantinople s'excommunièrent mutuellement. Après Vatican II, en 1965, le pape Paul VI et le patriarche Athënagoras Ier levèrent ces excommunications.

Ces Églises sont surtout représentées au Québec par l'Église orthodoxe grecque (qui compte le plus grand nombre de fidèles), l'Église orthodoxe roumaine, l'Église orthodoxe d'Amérique, l'Église orthodoxe serbe, l'Église orthodoxe ukrainienne et l'Église orthodoxe antiochienne.

Les Églises orthodoxes sont organisées selon le modèle du premier millénaire du christianisme. Elles ont à leur tête un patriarche. Les Églises locales sont rattachées aux cinq patriarcats : Rome, Constantinople, Alexandrie, Antioche et Jérusalem. Ces derniers sont subdivisés en métropolies ou archevêchés. Dans les faits, un bon nombre d'Églises orthodoxes, soit tout près d'une quinzaine, sont autocéphales, c'est-à-dire autonomes, puisqu'elles ont leur propre patriarche comme chef suprême.

UN RAPPROCHEMENT ŒCUMÉNIQUE INTÉRESSANT

Dès le Vᵉ siècle, selon la doctrine du patriarche Nestorius, l'Église assyrienne refusa les définitions du concile d'Éphèse (431) sur la maternité divine de la Mère de Dieu et se sépara du reste de la chrétienté. Sise à Bagdad, cette Église s'étendait jadis en Inde, en Chine, au Tibet et en Mongolie. Son patriarche actuel réside aux États-Unis d'Amérique.

Des pourparlers œcuméniques fructueux ayant eu lieu avec leur contrepartie catholique orientale, l'Église chaldéenne, les fidèles de l'Église assyrienne peuvent désormais participer à la célébration eucharistique et recevoir la communion dans l'Église chaldéenne, lorsqu'ils ne peuvent avoir accès à leur Église. Les fidèles de l'Église chaldéenne ont une église à Montréal.

Dans le cas des anciennes Églises orthodoxes, on peut mentionner les accords signés sur des questions christologiques entre l'Église catholique romaine et l'Église copte en 1976 et ceux conclus avec l'Église malankare syrienne en 1984.

Réunie à Ravenne en 2007, la Commission mixte pour le dialogue théologique a examiné la principale question qui divise les deux Églises : l'autorité de l'évêque de Rome. Catholiques et orthodoxes se sont mis d'accord sur le principe de la primauté de l'évêque de Rome, sans toutefois s'entendre sur le mode d'exercice de cette fonction.

LES ÉGLISES ISSUES DE LA RÉFORME

Les Églises anglicane et épiscopalienne

Ce ne sont pas à proprement parler des Églises protestantes, même si elles ont été influencées par la Réforme amorcée par Martin Luther en 1517. Elles sont nées d'un schisme entre l'Angleterre et Rome, au temps du roi Henri VIII. Ces Églises ont conservé l'épiscopat et une liturgie à peu près identique à la liturgie catholique. La question de la reconnaissance de leurs ordinations par l'Église catholique est de nouveau à l'étude, mais elle est retardée par la décision de certaines provinces anglicanes – dont l'Église mère d'Angleterre – d'ordonner des femmes au presbytérat et même à l'épiscopat. L'Église épiscopalienne est l'appellation de l'Église anglicane aux États-Unis. Elle fait toujours partie de la communion anglicane.

Les luthériens

Les luthériens sont restés fidèles à l'ensemble des réformes établies par Martin Luther (1483-1546). Ils disposent d'un épiscopat ordonné et, en certains endroits, ils sont en train de le restaurer. Les évêques luthériens sont élus par les communautés locales, pour le service de l'unité. Rome considère cependant que cet épiscopat est coupé de la succession apostolique. La liturgie luthérienne est très semblable à la liturgie catholique.

Au Québec, il faut distinguer entre l'Église luthérienne du Canada, formée d'une communauté émanant du Synode du Missouri, assez conservatrice (on n'y trouve pas de femmes pasteures) et très réservée quant aux initiatives œcuméniques (ses responsables n'ont pas voulu signer l'accord commun sur la justification par la foi), et l'Église évangélique luthérienne au Canada (*Evangelical Lutheran Church in Canada*) issue d'un regroupement assez récent. Cette dernière est membre de la fédération luthérienne mondiale, et partie prenante de l'accord sur la doctrine de la justification par la foi avec l'Église catholique.

L'Église unie du Canada

À peu près égale en nombre aux fidèles anglicans, l'Église unie est née en 1925 d'une union des méthodistes, des congrégationalistes et des deux tiers des presbytériens. Comme la plupart des Églises protestantes, elle n'ordonne pas d'évêques. Le ministère épiscopal est assuré collégialement par des conseils élus par les instances locales. C'est ce qu'on appelle un mode de gouvernement synodal. D'autres gouvernements sont de type congrégationaliste ou presbytéral.

Les presbytériens

L'Église presbytérienne constitue le groupe protestant le plus ancien du pays, puisque

James Cuthbert (vers 1759), aide de camp du général Wolfe, était membre de cette confession. Après la bataille des Plaines d'Abraham, il fut nommé seigneur de Berthier et y construisit une chapelle qui existe encore de nos jours et qui est la plus ancienne église protestante au Canada.

Elle a été fondée en Écosse par John Knox (vers 1505-1572) dans la tradition calviniste. Dans cette Église, l'épiscopat a été remplacé par des conseils élus qui forment une pyramide de la base au sommet. L'annonce de la Parole est le centre de leur culte et leur prédication est habituellement très soignée.

Les baptistes

Les baptistes ne reconnaissent qu'un seul sacrement : le baptême. Celui-ci tient une place importante dans leur liturgie. Ils jugent invalide le baptême des petits enfants. Chaque communauté locale est autonome et souveraine. Le regroupement des communautés locales se fait sous forme d'unions, de fédérations ou de conventions, ne disposant pas d'autorité véritable.

Au sujet des baptistes, il faut faire une distinction importante entre :

– les unions ou fédérations d'Églises baptistes, dont les membres sont considérés par l'ensemble des chrétiens comme d'authentiques chrétiens par leur foi au Christ et la célébration valide du baptême. À l'échelon international, elles sont en dialogue officiel avec l'Église catholique ; à l'échelon régional ou local, elles sont habituellement membres des Conseils d'Églises et des Associations ministérielles. Ces baptistes sont actifs en œcuménisme.

– et un certain nombre de pasteurs marginaux qui se disent baptistes. Mais ils ne se rattachent à aucun regroupement, sont souvent très sectaires, font un ardent prosélytisme et exigent parfois que leurs nouveaux fidèles apostasient officiellement leur ancienne foi chrétienne. Ils sont généralement opposés à toute activité œcuménique. L'expérience religieuse et spirituelle à l'intérieur de ces groupes peut s'avérer décevante, voire blessante, pour les personnes qui les fréquentent sans trop de discernement.

Groupes inspirés par la Réforme

Les mennonites

Il en existe quelques communautés au Québec. Elles se situent dans la ligne anabaptiste et donc n'acceptent pas le baptême des enfants. Autrefois coupées du monde par conviction, elles sont aujourd'hui, au Québec, actives dans toutes sortes d'œuvres sociales et très ouvertes à l'œcuménisme. La branche la plus stricte des mennonites, les Amish, n'est pas représentée au Québec. Les Amish sont issus de l'anabaptisme suisse et on ne les retrouve ailleurs qu'en Amérique du Nord, à l'exception de quelques émigrés au Paraguay. À cause de leur rigorisme, ils se sont séparés des autres mennonites au XVIIe siècle.

Les évangélistes et les pentecôtistes

Les évangélistes et les pentecôtistes sont très nombreux au Québec. Mais ils forment des communautés séparées et sont en pleine croissance. Ces communautés tendent aujourd'hui à collaborer davantage les unes avec les autres. D'ailleurs, un organisme connu sous le nom de « Direction chrétienne » les regroupe de façon informelle. Même si parfois elles semblent s'adonner au prosélytisme – en fait elles comptent surtout d'anciens catholiques ayant pris leurs distances de l'Église –, il ne faut pas les confondre avec les sectes, car elles manifestent un amour ardent du Seigneur Jésus, connu à travers la Bible, et participent souvent aux activités œcuméniques. Les évangélistes constituent, au Québec, les groupes de chrétiens francophones de beaucoup les plus nombreux après les catholiques.

AUTRES GROUPES

Les Vieux catholiques
(Église Vieille catholique)

On appelle ainsi les communautés chrétiennes formées après le concile Vatican I, en réaction à la définition de l'infaillibilité pontificale. Ces communautés se sont constituées en Église « Vieille catholique » par le traité de l'Union d'Utrecht, qui englexba également un certain nombre de personnes déjà séparées de Rome pour diverses raisons. L'Union d'Utrecht demeure en communion avec la Communion anglicane et avec les Églises membres de la Fédération luthérienne mondiale.

Ces *Vieux catholiques* sont présents au Canada sous l'appellation de *l'Église catholique nationale polonaise*. Il faut ici préciser que cette Église ne participe plus aux activités de l'Union d'Utrecht parce que les autres Églises de cette Union (en Allemagne, en Suisse et aux Pays-Bas) ont commencé à ordonner des femmes au ministère presbytéral. Notons que depuis avril 1993, le Vatican permet que les membres de *l'Église catholique nationale polonaise* reçoivent, dans l'Église catholique, les sacrements de pénitence, d'Eucharistie et de l'onction des malades, s'ils ne peuvent avoir accès à leurs propres ministres. L'inverse est vrai également bien qu'on ne connaisse pas de circonstances au Québec où les catholiques soient dans une telle situation.

Mais le monde « Vieux catholique » est beaucoup plus complexe que cela. Car quantité d'évêques et de prêtres marginaux se disent Vieux catholiques, sans être membres de l'Union d'Utrecht. Ils sont très soucieux de la validité de leur ordination, allant jusqu'à se faire ordonner plus d'une fois et tenant des généalogies d'ordination pour assurer leur place dans la succession apostolique. Ils se glissent parfois dans les concélébrations catholiques mais sont peu portés à l'œcuménisme. C'est surtout ce genre de *Vieux catholiques* qu'on rencontre au Québec.

La Société Saint-Pie X
(groupe de Mgr Lefebvre)

Il s'agit d'un groupe schismatique constitué en réaction cette fois aux réformes du concile Vatican II. Cette société continue, quoique beaucoup plus modérément, à recruter des candidats au presbytérat. Les fidèles catholiques de tendance conservatrice se laissent facilement influencer par ces prêtres zélés et pieux. Les disciples de Mgr Lefebvre, surtout regroupés en France, n'acceptent pas l'enseignement conciliaire sur la liberté religieuse, et rejettent l'engagement de l'Église catholique dans les activités de dialogue œcuménique et interreligieux. Cependant, à l'occasion du Jubilé de l'an 2000, les membres de ce groupe ecclésial ont amorcé un rapprochement significatif. Cet effort, encouragé par le pape Jean-Paul II, a été poursuivi et approfondi par son successeur, le pape Benoît XVI.

L'Armée de Marie

Plus près de nous, dans la région de Québec, ce groupe est né d'une intense dévotion à la Vierge Marie. Sous l'influence de quelques « dirigeants » prétendument éclairés par le Ciel, nombre de nouvelles doctrines ont été élaborées en dehors de la foi catholique. Avec le temps, l'Armée de Marie a perdu son statut d'association privée de laïcs et s'est elle-même placée en situation de schisme par rapport à l'Église catholique.

L'Armée du salut

Créée par un pasteur méthodiste, elle n'est pas à proprement parler une Église, mais agit comme telle. Elle est membre du Conseil canadien des Églises. Elle est davantage un regroupement de chrétiens qui ont adopté une discipline militaire pour plus d'efficacité dans le travail de l'évangélisation et de l'action sociale. C'est surtout dans ce dernier domaine qu'on connaît l'Armée du salut. Au Québec, elle se distingue par ses refuges pour itinérants et ses vestiaires pour les plus défavorisés. Elle possède à Montréal un important centre de désintoxication.

La Société des amis
(communément appelée Quakers)

Peu nombreux au Québec, les Quakers forment des communautés sans sacrement ni liturgie, axées sur une vie conforme à l'Évangile, sur la prière et l'engagement social.

À PROPOS DES SECTES ET DES NOUVEAUX MOUVEMENTS RELIGIEUX

On entend par « sectes », plutôt appelées « nouveaux mouvements religieux », des groupes ou des mouvements religieux qui sont apparus et se sont développés en dehors des grandes Églises chrétiennes (catholiques et protestantes) et « dont l'aspiration à des relations pacifiques avec l'Église catholique peut parfois être faible ou inexistante[6] ». Les principes de partage spirituel et de collaboration pratique qui guident les relations œcuméniques ne s'appliquent pas à ces groupes.

Au Québec, les nouveaux mouvements religieux posent un défi considérable aux Églises chrétiennes, particulièrement à cause de leur prosélytisme et des services que leurs membres se rendent mutuellement.

---

[6] *Directoire pour l'application des principes et des normes sur l'œcuménisme*, n° 35. (Désormais cité simplement comme *Directoire*.)

Dans les études qui ont été faites sur l'adhésion à un nouveau mouvement religieux, il est important de reconnaître que la possibilité de satisfaire certains besoins personnels demeure une clé d'interprétation importante. Nous ne considérons pas l'ensemble des baptistes comme un nouveau mouvement religieux, mais nous voulons souligner que les besoins affectifs peuvent aussi être pris en considération pour comprendre l'appartenance d'une personne catholique (communauté plus nombreuse) à une congrégation baptiste (groupe plus petit et perçu comme plus attentif à chaque personne).

2. INITIATIVES ET ACTIVITÉS EN COURS

QUELQUES PRÉCISIONS

Le Conseil pontifical pour l'unité des chrétiens[7] : l'origine de ce Conseil est étroitement liée au concile Vatican II. Le pape Jean XXIII désirait que l'engagement de l'Église

---

[7] D'après le COMITÉ DES COMMUNICATIONS, ASSEMBLÉE DES ÉVÊQUES CATHOLIQUES DU QUÉBEC, *Le mot juste. Vocabulaire de mots courants de la foi catholique*, Montréal, Novalis, 2007, p. 178.

catholique dans le mouvement œcuménique contemporain soit, comme on l'a déjà dit, l'un des buts principaux du Concile. C'est pourquoi, le 5 juin 1960, il a créé un Secrétariat pour la promotion de l'unité des chrétiens comme l'une des commissions préparatoires au Concile. Sous la direction du cardinal Augustin Béa, la première fonction du Secrétariat a été tout d'abord d'inviter les autres Églises et communions mondiales à déléguer des observateurs au deuxième Concile du Vatican. En 1989, le pape Jean-Paul II éleva ce Secrétariat au titre de Conseil pontifical pour la promotion de l'unité des chrétiens. Il demeure différent mais travaille en complémentarité avec les Conseils d'Églises qui sont composés d'Églises ou de communautés ecclésiales de confessions différentes.

Églises ou communautés ecclésiales : ce sont les expressions qu'emploie le Décret conciliaire sur l'œcuménisme[8], désignant par le terme *Églises* les communautés chrétiennes où le Concile reconnaît l'ensemble des traits essentiels de l'Église (une, sainte, catholique et apostolique), et par *communautés ecclésiales* celles à qui il manque l'un ou l'autre de ces traits. Le Concile reconnaît comme authentiquement chrétiennes ces communautés et il ne veut pas les exclure de sa sollicitude œcuménique. Toutefois, la raison principale pour la distinction entre Église et commu-

---

[8] *Unitatis redintegratio*, n° 15.

nauté ecclésiale est, toujours selon le *Décret sur l'œcuménisme*[9], la non-reconnaissance du ministère ordonné. De là découle une pratique différenciée quant au partage sacramentel pour les orthodoxes et les membres d'Églises occidentales (Vieux catholiques, Église nationale polonaise) par opposition aux communautés ecclésiales séparées d'Occident.

Un Conseil d'Églises : c'est un groupe de communautés ecclésiales qui se rassemblent en une communion d'Églises pour grandir ensemble dans la foi, s'entraider dans le témoignage évangélique et progresser vers une plus grande unité. Il ne s'agit pas d'une super-Église. Il ne s'agit pas non plus d'une union sur la base d'un plus petit dénominateur commun. Il s'agit vraiment d'une communion où les richesses propres à chaque communauté viennent enrichir l'ensemble, dans le respect de l'autonomie de chacune. Cela semble bien fonctionner comme une mosaïque où les pièces sont différentes par la forme et la couleur, mais toutes nécessaires à la beauté de l'ensemble. De la diversité des pièces, agencées par l'artiste, vient l'unité de la mosaïque. De la même façon, les dons faits aux Églises par l'Esprit Saint doivent les conduire, sous l'action de ce même Esprit, vers la manifestation de l'unité qu'elles ont dans le Christ. C'est ce à quoi tendent les Conseils d'Églises.

---

[9] *Ibid.*, 22.

Le Conseil canadien des Églises (CCE)

Fondé en 1944, ce Conseil est défini comme « une communauté fraternelle d'Églises qui confessent le Seigneur Jésus Christ comme Dieu et Sauveur, selon le témoignage de la Bible, et qui s'efforcent de répondre ensemble à leur vocation commune pour la gloire du Dieu unique, Père, Fils et Esprit[10] ». Le CCE est un organisme de consultation, de planification et d'action. Il se préoccupe particulièrement de réaliser des projets canadiens de collaboration dans le domaine social, l'éducation religieuse, l'évangélisation et les missions étrangères. Deux commissions coordonnent ses travaux : la Commission justice et paix et la Commission foi et témoignage[11]. En outre, le Conseil canadien des Églises publie un répertoire des organismes canadiens qui cheminent de façon œcuménique en lien plus ou moins direct avec lui. En 1985, le Conseil a amendé sa Constitution et créé le statut de membre associé. Ainsi, depuis 1986, la Conférence des évêques catholiques du Canada a pu participer au Conseil à titre

---

[10] *Constitution du Conseil canadien des Églises*, article 2.
[11] Voir *Le mot juste. Vocabulaire de mots courants de la foi catholique*, p. 179.

32

de membre associé, avec la participation de vingt délégués aux assemblées générales tenues tous les trois ans, et la possibilité d'être représentée parmi le personnel permanent.

Voici la liste des membres[12] :

- Église anglicane du Canada
- Archidiocèse du Canada de l'Église orthodoxe d'Amérique
- Diocèse canadien de l'Église orthodoxe arménienne
- Conventions baptistes de l'Ontario et du Québec
- Église baptiste de l'Ouest du Canada
- Église catholique nationale polonaise du Canada
- Église épiscopale méthodiste britannique (membre associé)
- Conférence des évêques catholiques du Canada
- Assemblée annuelle canadienne de la Société religieuse des Amis
- Église chrétienne (Disciples du Christ) du Canada
- Église réformée chrétienne en Amérique du Nord

---

[12] D'après le site Internet du Conseil canadien des Églises ; www.councilofchurches.ca/fr/.

- Église orthodoxe copte du Canada
- Église orthodoxe éthiopienne Tewahedo du Canada
- Église évangélique luthérienne du Canada
- Métropole orthodoxe grecque de Toronto (Canada)
- Église mennonite du Canada
- Église presbytérienne du Canada
- Synode régional du Canada
- Église réformée en Amérique
- Armée du Salut
- Église catholique ukrainienne
- Église orthodoxe ukrainienne du Canada
- Église unie du Canada.

Membres affiliés :

- Centre de théologie et de politique publique
- La Mission de la rue Young.

Le Conseil œcuménique des Églises (COE)

En 1948 naissait le Conseil œcuménique des Églises. Son siège social est à Genève. Le Conseil regroupe plus de 340 Églises, dénominations et communautés d'Églises d'une bonne centaine de pays et de territoires du monde entier. Il représente quelque 550 millions de chrétiens, comprenant la plupart des Églises orthodoxes et un grand nombre de dénominations issues de la Réforme protestante. Pour ces Églises, le COE constitue un lieu unique où elles peuvent réfléchir, discuter, agir, prier et travailler ensemble, s'interpeller et se soutenir mutuellement dans la recherche de l'unité[13]. L'Église catholique n'en est pas membre, mais participe activement aux travaux de ses diverses commissions.

La Commission épiscopale pour l'unité chrétienne

La Conférence des évêques catholiques du Canada (CECC) a mis sur pied une Commission épiscopale pour l'unité chrétienne, les relations religieuses avec les Juifs et le dialogue interreligieux. Élus par l'assemblée plénière de la CECC, les membres de cette Commission assurent une liaison avec les autres Églises et communautés ecclésiales, avec les principales religions autres que chrétiennes de même qu'avec les organismes œcuméniques nationaux et internationaux. Cette

---

[13] D'après *Le mot juste. Vocabulaire de mots courants de la foi catholique*, p. 178-179.

Commission cherche à inscrire la dimension œcuménique dans toutes les activités de la CECC et stimule un dialogue théologique pour une unité chrétienne et une meilleure compréhension des traditions religieuses des uns et des autres[14].

Les Conseils locaux

La plupart des grandes villes du Canada ont leur propre conseil d'Églises. À l'échelon local, ils poursuivent le même but que le Conseil canadien des Églises. Dans les grandes villes, chaque quartier peut posséder un conseil ou une association de ministres. Ces dernières sont constituées de regroupements de prêtres et de pasteurs en vue de favoriser les relations fraternelles et l'entraide ministérielle.

Les dialogues

Aux excommunications et condamnations multiples qui ont autrefois accompagné les mouvements de division, ont succédé des mécanismes de dialogue entre les chrétiens.

---

[14] D'après l'*Annuaire de la Conférence des évêques catholiques du Canada* (2010), p. 76.

Ces dialogues, menés surtout par des théologiens désignés par leur Église respective, ont permis de surmonter quantité de différents doctrinaux qu'on croyait insurmontables. Ces dialogues mettent en lumière ce que nous avons en commun dans la foi et dans la façon de vivre cette foi, ce qui nous différencie réellement, ce qui, dans ces différences, est conciliable avec l'unité, exprimant ainsi une légitime diversité. Il s'ensuit que les dialogues contribuent grandement à révéler les richesses propres des Églises, comme autant de dons de l'Esprit.

L'Église catholique est engagée officiellement dans les dialogues avec la plupart des traditions chrétiennes de façon multilatérale, ou bilatérale :

Multilatérale : il s'agit surtout de « Foi et Constitution », qui est une commission du Conseil œcuménique des Églises, composée de 120 théologiens, dont 12 catholiques.

Bilatérale : que ce soit à l'échelon international ou à l'intérieur de chaque pays ou région, l'Église catholique est en dialogue avec la presque totalité des confessions chrétiennes.

Au Canada, la Conférence des évêques catholiques du Canada est engagée dans les dialogues avec l'Église anglicane du Canada et l'Église unie du Canada. Il y a aussi un dialogue entre l'Église mennonite et l'Église catholique au Manitoba depuis le printemps de 2001. De plus, il existe des groupes régionaux de dialogue entre l'Église catholique et l'Église luthérienne (aux diocèses de Hamilton et de Saint-Boniface, par exemple) Aussi, des Canadiens participent à la consultation orthodoxe catholique nord-américaine.

Sur le plan interreligieux, ajoutons que la Conférence des évêques catholiques du Canada est activement engagée dans le dialogue judéo-chrétien. Elle participe aussi au dialogue entre les musulmans et les chrétiens.

Les fruits de ces dialogues[15]

1. À l'échelon international

Il s'agit d'accords doctrinaux par lesquels les représentants des Églises engagées dans

---

[15] Les avancés en ce domaine sont bien décrites dans *Ut unum sint* (1995), l'encyclique du pape Jean-Paul II sur l'engagement œcuménique.

le mouvement œcuménique s'efforcent de surmonter les différends qui existent entre elles dans la compréhension de la foi chrétienne. À ce jour, les plus importants de ces accords sont :

- *Baptême, eucharistie, ministère* (*BEM*), un document de la Commission Foi et Constitution, publié à Lima en 1982. Ce document représente une remarquable victoire sur les différends passés, et une très belle expression de la foi chrétienne qu'on pourra toujours utiliser avec profit pour des cercles d'études ou des soirées de catéchèse, entre catholiques ou avec d'autres chrétiens. Quelque 189 Églises à travers le monde, dont l'Église catholique, ont élaboré des réponses officielles à ce document. Ces réponses sont contenues en six volumes intitulés *Churches respond to BEM (les Églises répondent au BEM)*.

- *Jalons pour l'unité*, publié par la Commission internationale anglicane-catholique romaine (ARCIC I)[16]. Ce document porte sur l'eucharistie, le ministère et

---

[16] À Paris, Cerf, 1982.

l'autorité dans l'Église. Sur le consensus concernant la foi, il va encore plus loin que le BEM, car les anglicans ont une compréhension de la foi chrétienne très voisine de la foi catholique. Le dialogue anglican-catholique est maintenant dans une deuxième phase (ARCIC II). Certains accords sur le salut et l'Église ont déjà été présentés. La réflexion porte actuellement sur des questions morales. Un texte sur la doctrine mariale a également été publié.

– *Déclaration commune sur la doctrine de la justification*, une déclaration signée conjointement par l'Église catholique et la Fédération luthérienne mondiale à Augsbourg le 31 octobre 1999. Cette déclaration sur la gratuité du salut offert en Christ et dans lequel nous trouvons la justification, est le fruit de trente ans d'efforts de rapprochement. Sa plus grande portée réside dans la conception de l'unité qu'elle promeut, une unité qui repose sur un consensus différencié[17].

– *Autres documents*
L'Église catholique participe à au moins douze commissions bilatérales avec les

[17] Voir *Œcuménisme*, n° 141, mars 2001.

orthodoxes byzantins, les anciennes Églises orthodoxes, l'Église assyrienne de l'Est, la communion anglicane, les luthériens, réformés, méthodistes, baptistes, évangéliques, pentecôtistes, mennonites et les Disciples of Christ. On retrouve les documents de ces accords sur le site Internet du Conseil pontifical pour la promotion de l'unité des chrétiens.

2. À l'échelon national

Les dialogues, à ce niveau, ne cherchent pas tant à surmonter les difficultés doctrinales qu'à développer la compréhension et l'estime mutuelles. La revue *Œcuménisme* a publié plusieurs rapports sur cette activité au Canada[18] :

1. Dialogue anglican-catholique romain sur le ministère des femmes au Canada (n° 103, septembre 1991) ;
2. Dialogue Église unie-catholique romaine sur le rôle et l'exercice de l'autorité dans l'Église (n° 106, juin 1992) ;

---

[18] On trouve également les rapports de ces dialogues sur le site du Centre canadien d'œcuménisme ; www.oikoumene.ca.

3. Dialogue luthérien-catholique romain sur le ministère ordonné (n° 109, mars 1993) ;
4. Dialogues bilatéraux en Amérique du Nord ; progrès œcuméniques (n° 125, mars 1997) ;
5. Dialogue orthodoxe-catholique ; rapports entre catholiques et orthodoxes : la crise actuelle (n° 107, septembre 1997) ;
6. Dialogue anglican-luthérien, vers la pleine communion ; l'accord entre anglicans et luthériens (n° 135, septembre 1999) ;
7. Dialogue luthérien-catholique ; déclaration commune sur la doctrine de la justification (n° 141, mars 2001) ;
8. Dialogue sur la situation de l'œcuménisme au Canada ; notre pèlerinage vers l'unité des Églises (n° 152, décembre 2003).

Les coalitions et les réseaux : on appelle ainsi un certain nombre de regroupements chrétiens de confessions différentes qui répondent à la soif d'unité ou à un problème social particulier. La formule des coalitions est née au Canada dans les années 1960 et se répand depuis dans le monde. La Conférence des évêques catholiques du Canada participe activement à environ douze de ces coalitions. On constate que les chrétiens du Québec sont peu engagés dans ces coalitions, sauf à l'intérieur du Conseil des Églises pour la justice et la criminologie qui cherche à améliorer le système pénal au Canada. Ce Conseil fut particulièrement influent dans l'abolition de la peine de mort et travaille présentement au dossier de la Justice réparatrice.

Mentionnons aussi, bien qu'il ne s'agisse pas d'une coalition à proprement parler, un organisme qui est surtout actif au Québec : l'Action des chrétiens pour l'abolition de la torture (ACAT). Cet organisme ne fait pas double emploi avec Amnistie internationale mais complète cette dernière par son inspiration évangélique et par le rôle qu'y tient la prière comme moyen d'action contre la torture.

Le Réseau œcuménique justice et paix (ROJeP) regroupe plus de quarante groupes chrétiens du Québec qui mettent leurs forces en commun dans la réflexion et l'action pour faire avancer des causes de justice, de paix et d'intégrité de la création. Ce Réseau s'associe aux diverses causes recommandées par ses membres et par des groupes de la société civile. Il y a quelques années, douze coalitions pour la justice ont été réorganisées et fusionnées à l'intérieur de « Kaïros : Initiatives canadiennes œcuméniques pour la justice ».

Le Réseau œcuménique du Québec (ROQ) rassemble les personnes désireuses de promouvoir l'unité des chrétiens à travers la province de Québec. Il se réunit une fois par année dans une région différente. Les prêtres et les fidèles qui y participent sont invités à vivre une expérience œcuménique concrète et stimulante.

Une extension de l'œcuménisme : la rencontre des grandes religions du monde. Récemment, devant l'affluence de membres des grandes religions du monde au Québec, et plus spécialement dans la région de Montréal, les chrétiens ont senti le besoin d'établir des contacts réguliers avec ces grands courants religieux à l'intérieur du « dialogue interreligieux ».

Chapitre 2

L'ŒCUMÉNISME SPIRITUEL

Assez longtemps avant le concile Vatican II, c'est-à-dire dès le premier tiers du XIX[1] siècle[1], le désir de se rapprocher commença à s'exprimer parmi quelques chrétiens. À l'époque, l'idée mit du temps à faire son chemin. Une soixantaine d'années plus tard, elle devenait une évidence du côté tant des Églises « séparées » que de l'Église catholique. Un long cheminement, dans lequel nous sommes toujours engagés, était alors lancé et devait trouver un premier sommet à Vatican II.

---

[1] Une description du cheminement historique des efforts œcuméniques antérieurs à Vatican II se trouve dans l'ouvrage de René GIRAULT et de Jean VERNETTE, *Croire en dialogue. Chrétiens devant les religions, les Églises, les sectes*, Limoges, Droguet et Ardent, 1979, p. 216 -223. Voir aussi *Théo. L'encyclopédie catholique pour tous*, Paris, Mame, 1989, p. 487-488.

Les écrits de l'abbé Paul Couturier [2]

Prêtre du diocèse de Lyon, l'abbé Paul Couturier (1881-1953) s'occupa activement des secours aux réfugiés venus de Russie dans les années 1920. La fréquentation de fidèles orthodoxes lui permit de se sensibiliser aux problèmes de la division des chrétiens. Avec l'agrément de son évêque, il consacra le reste de sa vie à la question de l'unité.

À une époque où il n'était pas question pour un catholique de faire de l'œcuménisme actif, il a développé l'aspect spirituel de la question et érigé ainsi les bases de l'œcuménisme catholique. On lui doit la formule lancée en 1935 qui est demeurée jusqu'à aujourd'hui l'inspiration du mouvement œcuménique : « Qu'arrive l'unité visible du Royaume de Dieu telle que le Christ la veut, par les moyens qu'il voudra ! »

Le chapitre 17 de l'évangile de saint Jean fut la source de sa réflexion. L'unité n'est pas une question de négociations. Elle est fondée en Dieu, Trine et Un, elle est reliée à la gloire de Dieu : « Que tous soient un comme toi,

---

[2] D'après Maurice VILAIN, *Œcuménisme spirituel. Les écrits de l'abbé Paul Couturier*, Paris, Casterman, 1963. Voir également *Théo. L'encyclopédie catholique pour tous*, p. 589.

Père, tu es en moi et que je suis en toi, qu'ils soient en nous eux aussi, afin que le monde croie que tu m'as envoyé[3]. »

De là il conclut que l'unité des chrétiens est d'abord une question de vie intérieure, avant d'être une affaire d'activités extérieures : celles-ci découlant de celle-là. Dans son testament spirituel, il écrit : « On pourrait examiner toute autre difficulté à surmonter pour avancer sur le chemin de l'unité chrétienne, on arriverait toujours à la même conclusion : *le problème de l'unité chrétienne est, pour tous, un problème de vie intérieure orientée.* » Ailleurs, il parle de *sanctification orientée* : vers la volonté d'unité du Seigneur lui-même et vers les autres chrétiens par l'amour que Dieu leur porte.

On le voit, tout cela signifie une conversion du cœur au Christ d'abord et à tous ceux et celles qui mettent leur confiance en lui. Cela demande aussi une disparition des préjugés encore entretenus dans l'une ou l'autre confession chrétienne.

L'abbé Couturier a été le grand artisan de la Semaine de prière pour l'unité des chrétiens. Il lui a donné, sur les bases que nous venons de rappeler, ses assises théologiques

---

[3] Jean 17, 21.

et spirituelles et il l'a répandue dans le monde entier. La prière était en effet, pour l'abbé Couturier, de toute première importance dans l'œuvre de l'unité qu'il voyait comme une grâce et un don de Dieu.

Toujours en vue de favoriser la prière, il créa ce qu'il appelait « le monastère invisible » où il invitait à entrer tous ceux et celles, quelle que soit leur confession chrétienne, « à qui l'Esprit Saint a pu faire connaître, d'une connaissance intime parce qu'ils ont essayé de vraiment s'ouvrir à Sa flamme et par elle à Sa lumière, le douloureux état des séparations entre les chrétiens », et chez qui « cette connaissance a engendré une permanente souffrance génératrice d'une habituelle prière de pénitence ». Il invita plus spécialement les communautés contemplatives d'hommes et de femmes à entrer dans ce monastère.

Dans la même ligne, il aimait parler de la « sainte émulation » qu'il concevait comme une émulation spirituelle de l'ensemble des chrétiens sur les voies de la sainteté qui seule conduit à l'unité : « Que chaque chrétien loue donc Dieu pour l'œuvre que l'Esprit-Saint réalise en ses frères, personnellement ou collectivement ; qu'il s'en édifie ; qu'il en conçoive une sainte émulation exempte de toute arrière-pensée, lumineuse et pure, attentive à la seule gloire de Dieu. Telle est la voie royale de l'unité ! »

Les enseignements du concile Vatican II

Les écrits de l'abbé Couturier et d'autres célèbres prédécesseurs avaient préparé le chemin qui permit au concile Vatican II de lancer l'Église catholique dans le mouvement œcuménique. Les Pères conciliaires se sont fortement préoccupés de donner au mouvement œcuménique des assises spirituelles inspirées par l'abbé Paul Couturier. Ainsi, l'unité des chrétiens a été intimement liée au renouvellement de l'Église et à la conversion du cœur. « Il n'y a pas de véritable œcuménisme sans conversion intérieure[4]. »

C'est pourquoi le Concile peut écrire ces lignes, à première vue étonnantes. Mais elles expriment la motivation la plus profonde pour la recherche de l'unité :

Que les fidèles se souviennent tous qu'ils favoriseront l'union des chrétiens, bien plus, qu'ils la réaliseront, dans la mesure

---

[4] *Unitatis redintegratio*, n° 7.

où ils s'appliqueront à vivre plus purement selon l'Évangile. Plus étroite, en effet, sera leur communion avec le Père, le Verbe et l'Esprit-Saint, plus ils pourront rendre intime et facile la fraternité mutuelle[5].

Notre unité est vraiment fondée en Dieu ; elle est donc d'abord une aventure spirituelle. C'est là l'âme de l'œcuménisme :

Cette conversion du cœur et cette sainteté de vie, unies aux prières publiques et privées pour l'unité des chrétiens, doivent être regardées comme l'âme de tout l'œcuménisme et peuvent à bon droit être appelées œcuménisme spirituel[6].

Comme l'abbé Couturier, c'est à la prière du Christ, à la veille de sa mort, que le Concile rattache son enseignement :

C'est un usage cher aux catholiques que de se réunir souvent pour renouveler la prière demandant l'unité de l'Église, celle que le Sauveur lui-même, la veille de sa mort, a élevée de façon suppliante vers son Père : « Qu'ils soient tous un » (Jean 17, 21)[7].

---

[5] *Ibid.*
[6] *Ibid.*, n° 8.
[7] *Ibid.*

Si le Concile peut ainsi parler, c'est qu'il a d'abord reconnu que tous les chrétiens, de par leur baptême, sont déjà un dans le Christ :

> Néanmoins, justifiés par la foi reçue au baptême, incorporés au Christ, ils portent à juste titre le nom de chrétiens et les fils de l'Église catholique les reconnaissent à bon droit comme des frères dans le Seigneur.

C'est la communion ecclésiale qui est imparfaite, non la communion de grâce :

> En effet, ceux qui croient au Christ et qui ont reçu valablement le baptême, se trouvent dans une certaine communion, bien qu'imparfaite, avec l'Église catholique[8].

Autrement dit, dans le Christ, subsiste une unité réelle entre tous les chrétiens. Mais cette communion, pour réelle qu'elle soit, demeure invisible. C'est sur elle que l'on peut compter pour retrouver l'unité visible qui est exigée par la réalité spirituelle que nous vivons tous et toutes dans le Christ par notre baptême. Ainsi, l'absence ou la faible présence de chrétiens autres que catholiques ne constituent pas une raison

---

[8] *Ibid.*, n° 3.

pour se désintéresser de la cause urgente de l'unité des chrétiens. Le concile Vatican II a exhorté tous les catholiques « à reconnaître les signes des temps et à prendre une part active à l'effort œcuménique[9] ». Cette part active commence par une vie spirituelle orientée vers l'unité et se fonde en elle. L'unité est en tout état de cause une dimension spirituelle essentielle à la foi chrétienne : c'est ce que signifie l'expression « œcuménisme spirituel ».

L'encyclique *Ut unum sint* du pape Jean-Paul II (1995)

Nous venons de rappeler que pour le concile Vatican II, l'unité des chrétiens est fortement liée à la conversion du cœur. Il faut ici insister plus fortement sur le lien entre la conversion du cœur et le renouveau, voire la réforme de toutes les Églises, qui est le seul chemin vers l'unité. Le pape Jean-Paul II l'a souligné dans son encyclique sur l'œcuménisme :

Dans l'enseignement du Concile, il y a nettement un lien entre rénovation, conversion et réforme. Il affirme : « Au cours de

---

[9] *Ibid.*, n° 4.

son pèlerinage, l'Église est appelée par le Christ à cette réforme permanente dont elle a continuellement besoin en tant qu'institution humaine et terrestre ; si donc il est arrivé que certaines choses aient été observées avec moins de soin, il faut procéder en temps opportun au redressement qui s'impose. » Aucune communauté chrétienne ne peut se soustraire à cet appel[10].

Pour le pape Jean-Paul II, la communion de prière est au cœur de l'œcuménisme spirituel. Il écrit :

Le Christ est réellement présent dans la communion de prière ; il prie « en nous », « avec nous » et « pour nous ». C'est lui qui guide notre prière dans l'Esprit Consolateur qu'il a promis et qu'il a donné dès le Cénacle de Jérusalem à son Église, quand il l'a constituée dans son unité originelle[11].

Le pape Jean-Paul II nous présente également la communion de prière qui amène à porter un nouveau regard sur l'Église et le christianisme. Il nous rappelle les débuts du mouvement œcuménique :

---

[10] *Ut unum sint*, n° 16.
[11] *Ibid.*, n° 22.

On peut dire que le mouvement œcuménique s'est mis en marche, en un sens, à partir de l'expérience négative de ceux qui, annonçant l'unique Évangile, se réclamaient chacun de sa propre Église ou de sa Communauté ecclésiale ; une telle contradiction ne pouvait pas échapper à ceux qui écoutaient le message de salut et qui trouvaient là un obstacle à l'accueil de l'annonce évangélique[12].

Ce passage est d'une grande actualité pour les catholiques du Québec. Il aide à mieux comprendre non seulement l'œcuménisme comme faisant partie de l'identité chrétienne, mais aussi la responsabilité de travailler ensemble, frères et sœurs chrétiens, à l'annonce de l'unique Évangile à l'intérieur même du dialogue œcuménique et interreligieux dans notre société pluraliste.

---

[12] *Ibid.*, n° 23.

Le *Manuel d'œcuménisme spirituel* du cardinal Walter Kasper [13]

En 2006, le cardinal Walter Kasper, alors président du Conseil pontifical pour la promotion de l'unité des chrétiens, publiait un *Manuel d'œcuménisme spirituel.* Cet ouvrage offre « des suggestions pastorales pratiques pour mettre en acte et renforcer l'œcuménisme spirituel qui est le cœur de tout effort pour rassembler à nouveau les chrétiens divisés[14] ». Pour le cardinal Kasper, « l'œcuménisme spirituel exige également une *conversion du cœur et une sainteté de vie* ». Il poursuit en affirmant que « le chemin de la réconciliation et de la communion s'ouvre lorsque les chrétiens ressentent douloureusement dans leur cœur, dans leur esprit et dans leurs prières, les blessures de leur division[15] ». Il insiste sur cette conversion du cœur nécessaire lorsqu'il reprend le premier verset du Psaume 127 : « Si le Seigneur ne bâtit la maison, ses bâtisseurs travaillent pour rien. Si le Seigneur ne garde la ville, la garde veille pour rien. »

---

[13] Walter KASPER, *Manuel d'œcuménisme spirituel*, Paris, Nouvelle Cité, 2007.

[14] *Ibid.*, 4e de couverture.

[15] *Ibid.*, p. 13.

Quelques conséquences pratiques

1. La prière

Puisque l'unité dont nous bénéficions dans le Christ est une réalité spirituelle, il serait vain d'imaginer que les chrétiens vivront cette unité de façon visible et la concrétiseront en Église par les seuls moyens humains du dialogue, des échanges, des partages, voire de la fraternité. L'unité est et sera don de Dieu auquel nous sommes conviés à nous associer. La prière y tient donc une toute première place, dans la vie de chaque fidèle comme dans celle des communautés.

Il ne suffit pas de prier une fois par année lors de la Semaine de prière pour l'unité. Il s'agit de continuer aujourd'hui et toujours la prière du Seigneur. Il revient aux pasteurs de le rappeler souvent aux fidèles et de prier avec eux pour cette grande cause de l'unité. Il revient aussi aux équipes de pastorale ou de liturgie d'insérer fréquemment quelque intention sur un aspect de l'unité, dans la prière universelle.

Au numéro 30 de son *Manuel d'œcuménisme spirituel*, le cardinal Kasper propose dix moments ou lieux de prière commune[16].

---

[16] *Ibid.*, p. 48-49.

Il introduit ses propositions de la manière suivante : « Dans de nombreuses parties du monde, les chrétiens se réunissent également pour des célébrations œcuméniques à l'occasion d'événements importants liés à l'histoire locale, à la société civile ou à la vie sociale. Dans certains pays, les grands événements de la nation ou de la société civile sont souvent commémorés avec une célébration œcuménique. Ces prières œcuméniques expriment les préoccupations et les espérances communes des chrétiens de cette région et sont un moyen significatif de témoigner ensemble[17]. »

2. La prédication

Dans les milieux catholiques, on développera dans les paroisses, les communautés religieuses et les groupes de partage ou de prière, une spiritualité qui intègre le désir et la soif de l'unité. Dans la prédication, les homélies ou toute autre annonce de la Parole, on évitera d'entretenir certains préjugés ou clichés dépassés sur les autres chrétiens ou un particularisme trop uniquement catholique romain, comme s'il n'existait pas d'autres

---

[17] *Ibid.*, p. 47-48.

chrétiens que les catholiques. On sera également attentif à souligner et à expliquer les nombreux passages de la Bible, spécialement du Nouveau Testament, qui parlent d'unité ou de réconciliation. Par exemple, les paraboles des évangiles proposent souvent un « rassemblement » comme une dimension importante du Royaume. Ce serait un appauvrissement de la prédication chrétienne que de ne jamais souligner cette dimension du Royaume.

3. Les retraites

On peut organiser des retraites sur le thème « unité et réconciliation » pour un groupe catholique, soit dans une paroisse, une communauté religieuse, un institut séculier ou tout autre groupe. De telles retraites sont appréciées à cause de la nouveauté du thème et permettent aux catholiques d'intégrer dans leur vie de foi les dimensions de l'unité, du rassemblement et de la réconciliation.

4. La Parole de Dieu

Ces trois conséquences pratiques de l'œcuménisme spirituel que nous venons de souligner en supposent une autre qui est en fait

première et fondamentale : la primauté accor-
dée à la Parole de Dieu. Celle-ci est en effet
l'héritage premier qui fonde la foi de tous les
chrétiens. L'œcuménisme spirituel, pour être
authentique, doit donc s'enraciner dans une
fréquentation assidue et une connaissance
substantielle des Saintes Écritures que tous les
chrétiens reçoivent comme la Parole vivante
que Dieu nous adresse encore aujourd'hui.

Chapitre 3

QUE POUVONS-NOUS
FAIRE ENSEMBLE ?

La pastorale chrétienne a toujours été ins-
pirée du chapitre dix de l'évangile de saint
Jean. L'image du berger et du troupeau, que
Jésus développe longuement, est à la source
de toute action pastorale. Comme c'est habituellement le cas dans le Nouveau Testament,
cette image suppose le rassemblement dans
l'unité comme fin ultime de l'œuvre du vrai
berger : « J'ai d'autres brebis qui ne sont pas
de cet enclos et celles-là aussi, il faut que je
les mène ; elles écouteront ma voix, et il y
aura un seul troupeau et un seul pasteur[1]. »
La pastorale à tous ses niveaux doit donc

---

[1] Jean 10, 16.

s'inspirer de ce souci du Seigneur qui veut rassembler tous les siens en un seul troupeau.

Avant le concile Vatican II, ce souci pastoral de rassembler les fidèles en un seul troupeau était compris comme le devoir de convertir à l'Église catholique les fidèles des autres Églises. Les pasteurs s'y employaient avec zèle. Mais, comme les pasteurs des autres Églises chrétiennes faisaient de même, les conversions se faisaient dans les deux sens. Au bout du compte, les Églises étaient toujours aussi divisées.

Vatican II a changé cette orientation. Ainsi, l'œuvre de la réconciliation effective des individus diffère par sa nature de la tâche œcuménique qui consiste plutôt à *promouvoir la restauration de l'unité entre tous les chrétiens*[2]. Le respect absolu de la liberté religieuse interdit tout prosélytisme de mauvais aloi. Chercher ensemble comment rendre visible l'unité que nous avons dans le Christ est donc aujourd'hui une tâche essentielle à la pastorale de l'Église :

> ... pour arriver à la perfection de l'unité voulue par Jésus Christ, le Concile exhorte tous les fidèles catholiques à reconnaître

---

[2] *Unitatis redintegratio*, n° 1.

les signes des temps et à prendre une part active à l'effort œcuménique[3].

Cette « part active à l'effort œcuménique » ne signifie pas d'abord qu'il faille ajouter quantité d'activités à un horaire déjà souvent trop chargé. Si l'on attend d'avoir le temps de faire de l'œcuménisme, on n'en fera sans doute jamais. Le souci de l'unité est plutôt une dimension de toute la vie chrétienne et, par conséquent, de toute la pastorale. C'est une question de mentalité. Si telle est la volonté expresse du Seigneur, ce doit être la nôtre aussi. Il s'agit donc de réaliser l'activité pastorale de façon œcuménique. Et faire la pastorale de façon œcuménique consiste d'abord à se demander : Que pouvons-nous faire ensemble ? C'est là une question primordiale. Et très rapidement le mouvement œcuménique a amené les chrétiens à en tenir compte.

Le principe de Lund

En 1952, la troisième conférence œcuménique *Foi et Constitution*, tenue dans la ville

---

[3] *Ibid.*, n° 4.

de Lund en Suède, a établi un principe pour les procédures normales des Églises :

Faire toute chose ensemble, à l'exception de celles que la conscience nous oblige à faire séparément [4].

Mais il faut bien comprendre ce que l'on entend ici par « conscience ». Ce principe faisant appel à la « conscience » signifie l'obligation morale d'agir séparément à cause de « différences profondes de convictions ». Il s'agit des convictions des Églises, non de celles des individus. Quand on y réfléchit, il y a relativement peu de choses que la conscience nous oblige à faire séparément. Et même ces quelques choses – comme l'eucharistie et les ordinations – ont été l'objet d'accords étonnants au cours des dialogues officiels des vingt dernières années. Le document *Baptême, eucharistie et ministère,* dont nous avons parlé plus haut, en est un bon exemple.

---

[4] Olivier TOMKINS, *The Third World Conference on Faith and Order*, Lund 1952, London, SCM Press Ltf, 1953, p. 16.

QUELQUES RÉFLEXIONS

Lors des assemblées dominicales, ne devrait-on pas prier pour les communautés chrétiennes du voisinage en les nommant par leur nom, témoignant ainsi d'une communion de foi – imparfaite mais réelle – avec elles ? Dans les activités récréatives, ne pourrions-nous pas proposer à la communauté voisine de se joindre au groupe pour apprendre à mieux se connaître ? En réponse à l'appel évangélique de lutter pour la paix et la justice, ne pourrait-on pas combiner les ressources de chaque communauté ? Dans les catéchèses sur le baptême, le mariage, les temps forts de l'année liturgique et les études bibliques, ne pourrait-on pas apprendre à travailler ensemble ?

La situation au Québec

Pour que la collaboration avec les frères et sœurs chrétiens se fasse sans heurts, les catholiques du Québec devront être conscients du poids énorme de leur Église. Il faut comprendre que les frères et sœurs des autres Églises ont, au départ, une certaine appréhension à l'égard des catholiques. Leur première réaction sera peut-être d'évaluer le risque de se faire « convertir » ou d'être dominés. Il s'agit d'acquérir la certitude du désir de marcher ensemble vers une unité de plus en plus visible, dans le respect des dons que l'Esprit Saint a répandu sur tous à travers les siècles. Alors seulement une réelle collaboration sera possible.

À l'intérieur de quelques confessions chrétiennes francophones, on peut percevoir une certaine forme d'animosité, car il s'y trouve un nombre significatif d'anciens catholiques. Il s'agit d'une réaction normale qui disparaît quand on la laisse s'exprimer. De toute façon, les catholiques, étant habituellement les plus nombreux, prendront soin de ne pas tout mener eux-mêmes, mais ils verront à ce que les autres chrétiens participent pleinement à toutes les étapes d'une planification pastorale et de sa réalisation, de même qu'à tous les aspects de la vie d'un groupe œcuménique. On évitera donc avec soin de planifier unilatéralement un événement faisant des autres chrétiens des « invités » plutôt que des coresponsables. La fraternité est toujours mieux manifestée quand ensemble on parraine et on anime une activité.

Là où les communautés non catholiques sont présentes, qu'elles soient nombreuses ou non, il faut faire avec elles tout ce qu'on peut. Là où, au contraire, il n'y a pas de communautés autres que catholiques, mais où sont présents des chrétiens vivant loin de leur communauté, les catholiques verront à les intégrer fraternellement à toutes les activités religieuses ou paroissiales auxquelles ils peuvent participer. Ils briseront ainsi leur isolement et susciteront chez eux une plus grande estime réciproque.

En somme, il s'agit d'appliquer simplement le principe de Lund dont nous avons parlé plus haut : « Faire toute chose ensemble, à l'exception de celles que la conscience nous oblige à faire séparément. »

DEUX RÈGLES QUI DÉCOULENT DU PRINCIPE DE LUND

La règle de réciprocité : les catholiques ne doivent ni lancer une invitation à participer à une initiative œcuménique ou à une activité interreligieuse, ni en accepter une, à moins qu'en retour les autres ne puissent présenter ou accepter une invitation semblable.

La règle de collaboration : lors de l'élaboration d'une activité œcuménique ou interreligieuse, il doit y avoir, dès le début, consultation et collaboration des représentants de toutes les Églises ou communautés de foi participantes. Il faut, en effet, que tous les groupes impliqués soient pleinement d'accord avec les divers aspects du projet et puissent y retrouver une expression de leur foi qui soit conforme à leurs traditions propres.

Chapitre 4

L'ACTION SOCIALE

S'il est un domaine où le principe de Lund peut s'appliquer intégralement, c'est bien celui de l'engagement des chrétiens pour la justice sociale sous toutes ses formes, ainsi que pour la paix et la sauvegarde de la création.

Des défis majeurs

Les chrétiens et les chrétiennes, chacun dans leurs Églises, rencontrent tous des défis majeurs dans la lutte pour la justice, la paix et la sauvegarde de la création. Que ce soit au niveau des grandes villes et de leurs quartiers ou à celui des régions, partout les problèmes économiques et sociaux de toute sorte sollicitent l'engagement des chrétiens. Ces derniers ne peuvent plus se contenter d'être témoins passifs d'événements qui, de toute façon, mobilisent la société.

Les problèmes et les défis que pose la mondialisation obligent les Églises à revoir ou à repenser leurs réseaux de solidarité. En effet, à une économie qui se mondialise on pourra opposer une mondialisation des solidarités. En plus des sommets, des différents rassemblements et des coalitions, l'œcuménisme se présente comme une force sociale mondiale non négligeable. En effet, la solidarité chrétienne, peu importe la confession, représente une force de frappe étonnante quand les efforts sont canalisés et les actions concertées. L'action sociale solidaire et responsable devient donc un lieu d'exercice de l'œcuménisme inédit, original et puissant.

Les catholiques du Québec ont une longue tradition d'exercice de la charité envers les pauvres de leurs paroisses, et aussi envers les peuples qu'ils assistaient notamment par la présence de leurs missionnaires. Mais aujourd'hui, les défis ont pris une telle ampleur qu'on ne peut plus tolérer l'incohérence de nos divisions dans ce genre d'engagements. Aucune Église d'ailleurs ne le peut plus. Les chrétiens doivent agir ensemble. Seuls, ils ne peuvent plus affronter avec un minimum d'efficacité les défis sociaux que pose la situation sociale ici et ailleurs dans le monde.

La porte d'entrée de l'œcuménisme

L'expérience le montre. C'est souvent par l'action concertée des chrétiens d'une localité en faveur d'une cause humanitaire que commence l'aventure œcuménique. Par nécessité, les chrétiens se doivent d'agir ensemble. Par là, ils commencent à se connaître, ils éprouvent le besoin de fraterniser davantage, d'échanger sur leurs conceptions de la vie et de la foi, enfin de prier et de célébrer ensemble leur engagement commun au nom de l'Évangile. Ainsi cet engagement social devient la porte d'entrée d'une aventure œcuménique qui va en s'enrichissant au fil des ans.

Mais la motivation de départ reste celle que nous apporte l'Évangile : ce n'est pas en tant que catholiques, protestants, anglicans ou orthodoxes qu'on s'implique dans le soulagement de la misère humaine, c'est en tant que disciples du Christ qui s'est identifié à toute personne dans le besoin : « J'ai eu faim, vous m'avez donné à manger, j'ai eu soif [1]... »

---

[1] Matthieu 25, 31-40.

De façon concrète, plusieurs actions peuvent être entreprises :

1. Là où existent des services de secours aux moins favorisés, on s'efforcera de les inviter à coordonner leurs efforts avec les services semblables ou connexes mis en œuvre par d'autres Églises. On pourra également apporter une contribution aux activités des centres de référence existants, de manière à répondre aux besoins d'un milieu à des coûts moindres.

2. Quand surgit un problème local urgent – fermeture ou déménagement d'entreprises, licenciement massif, par exemple –, il est important que les Églises appuient ouvertement et conjointement toutes les victimes de ces situations. Aujourd'hui, les responsables religieux et les réseaux de pastorale sociale s'impliquent fréquemment ; l'appui manifeste de leurs fidèles est précieux. Les chrétiens peuvent ainsi influencer le cours des événements et éviter des violences inutiles ou des actions déplorables.

3. Il arrive que des lois ou règlements émis par divers paliers d'autorité civile contreviennent aux droits fondamentaux des personnes ou aux valeurs de l'Évangile. Ce sont le plus souvent les démunis et les exclus qui en souffrent. De telles situations suscitent de vives réactions chez toute personne soucieuse de droiture. À plus forte raison, les chrétiens, au nom du Christ, doivent participer à la défense des droits humains ainsi lésés. Cette défense a beaucoup plus de force quand tous les chrétiens, et non ceux d'une seule Église, parlent ensemble.

4. Quantité d'organismes, de conseils et de comités, fonctionnant de façon œcuménique, existent déjà dans nos milieux :
   – Le Réseau œcuménique justice et paix (ROJeP) ;
   – Le Conseil des Églises pour la justice et la criminologie ;
   – L'Action des chrétiens pour l'abolition de la torture (ACAT) ;
   – Kaïros ;
   – et plusieurs autres.

De bien des manières, il est possible de favoriser l'engagement des fidèles dans ces organismes et de mettre sur pied, avec les autres chrétiens, des sections locales.

5. L'engagement pour la sauvegarde de l'environnement est relativement récent, particulièrement dans l'Église catholique. Il s'agit pourtant d'une question urgente et récurrente. Elle a fait partie du thème de la septième Assemblée du Conseil œcuménique des Églises, tenue à Canberra, en Australie, du 7 au 20 février 1991. En continuité, l'Assemblée triennale du Conseil canadien des Églises, tenue la même année, a invité toutes les Églises membres à se préoccuper de cette question à la lumière de l'enseignement de la foi chrétienne sur la Création. Le projet Gardiens de la Création est à constituer un réseau de chrétiennes et de chrétiens qui sentent un appel à la protection de la nature.

6. Un travail en commun s'effectue entre diverses Églises au niveau de la pastorale de la santé et de la pastorale en milieu carcéral.

Ce sont là quelques exemples des actions que les disciples du Christ peuvent entreprendre ensemble afin de répondre aux besoins qui se manifestent autour d'eux. Il y en a beaucoup d'autres. Chaque groupe, chacune des paroisses pourra identifier les besoins qui existent dans son milieu et se mobiliser avec les autres chrétiens et chrétiennes pour y apporter une réponse. Ainsi, on mettra en application de façon concrète le très beau texte que nous livrait le concile Vatican II dans son Décret sur l'œcuménisme au sujet de l'engagement des chrétiens en matière sociale :

> Aujourd'hui qu'une très large collaboration s'est instaurée dans le domaine social, tous les hommes sans exception sont appelés à cette œuvre commune, mais surtout ceux qui croient en Dieu, et, en tout premier lieu, tous les chrétiens, à cause même du nom du Christ dont ils sont ornés. La collaboration de tous les chrétiens exprime vivement l'union déjà existante entre eux, et elle met en plus lumineuse évidence le visage du Christ serviteur. Cette collaboration, déjà établie en beaucoup de pays, doit être sans cesse accentuée, là surtout où l'évolution sociale ou technique est en cours[2]...

[2] *Unitatis redintegratio*, n° 12.

Chapitre 5

LA PASTORALE

Ce que nous avons dit de la prière, de la prédication et des retraites, au chapitre de l'œcuménisme spirituel, relève déjà de la pastorale. Mais plusieurs autres activités peuvent être réalisées conjointement par les Églises, tant au niveau diocésain qu'au niveau paroissial. Il serait intéressant, à ce sujet, de se référer au *Manuel d'œcuménisme spirituel* du cardinal Walter Kasper ou encore au *Directoire pour l'application des principes et des normes sur l'œcuménisme.*

Au niveau diocésain

Lorsqu'un diocèse élabore un thème de pastorale pour l'Avent, pour le carême, pour toute une année ou pour plusieurs mois, il serait intéressant et sans doute fructueux de le faire de concert avec d'autres Églises chrétiennes. D'autant plus que toutes les Églises du Québec sont aujourd'hui confrontées aux mêmes défis pastoraux : l'éclatement de la famille, la baisse de la pratique religieuse, l'absence de jeunes dans les communautés, le phénomène des nouvelles religions, la méfiance envers les institutions.

Les expériences diverses de chaque tradition chrétienne, leur expertise et leurs façons de faire seront pour toutes les Églises un enrichissement mutuel précieux. Le *Directoire pour l'application des principes et des normes sur l'œcuménisme* développe les implications diocésaines en œcuménisme en mentionnant nommément le rôle particulier de l'évêque et de ses délégués. Le *Directoire* propose de manière détaillée la mise en place et le fonctionnement d'une commission diocésaine de l'œcuménisme. Toutes ces initiatives visent à encourager les paroisses catholiques à prendre part, à leur niveau, aux initiatives œcuméniques[1].

---

[1] Voir le *Directoire*, en particulier les nos 42-45.

Au niveau paroissial[2]

Il en va de même à l'échelon paroissial. Tout en assurant l'autonomie et la vitalité de la communauté chrétienne, ce qui demeure important pour toutes les Églises, on pourra considérer chaque possibilité de vivre une activité pastorale ou même la célébration d'une fête, avec les autres Églises présentes sur le territoire.

Ainsi, au lieu d'accroître le travail pastoral, on pourra éventuellement l'alléger, puisqu'on le partagera avec d'autres. On favorisera tout particulièrement certaines activités à l'occasion de l'Avent, du Carême ou à d'autres temps forts de la vie paroissiale. Voici quelques exemples :

1. *La Semaine de prière pour l'unité des chrétiens.* Elle est célébrée annuellement durant la semaine du 18 au 25 janvier (dans l'hémisphère nord) ou à la Pentecôte (dans l'hémisphère sud). Ainsi, la Semaine de prière s'intègre dans la vie des paroisses du monde entier. À cause du climat canadien rigoureux, il est possible de choisir un autre moment

---

[2] Voir *ibid.*, n° 67.

de l'année, mais on ne devrait jamais omettre de souligner cet événement au moment même où le monde entier le fait. La célébration du dimanche qui ouvre cette « grande semaine », comme disait l'abbé Paul Couturier, et celle du dimanche qui la clôture devraient toujours être centrées sur la prière pour l'unité. Chaque année, un document est préparé et publié conjointement par le Conseil pontifical pour la promotion de l'unité des chrétiens et la Commission Foi et Constitution du Conseil œcuménique des Églises. Les textes ainsi proposés peuvent alimenter la prière de chacune des communautés de foi qui appartiennent au Christ.

2. *Les groupes de partage biblique.* Il s'agit de la rencontre de personnes qui partagent un même intérêt pour la Parole de Dieu et qui désirent s'enrichir de leurs traditions respectives. Les catholiques et les non-catholiques peuvent alternativement animer ces groupes. Puisque la Parole de Dieu est, avons-nous dit, l'héritage premier qui fonde la foi de tous les chrétiens, ces partages bibliques

sont d'une extrême importance pour faire progresser les chrétiens sur le chemin de l'unité. En plus des rencontres consacrées spécialement à ce genre d'échanges, il est à conseiller que toute activité œcuménique commence par un bref partage autour d'un passage de l'Écriture.

3. *Des soirées de catéchèse.* Qu'il s'agisse de soirées réservées à l'éducation de la foi des fidèles catholiques ou de soirées œcuméniques, il est toujours possible d'utiliser des documents œcuméniques qui ont une grande valeur catéchétique. Citons entre autres :

   – Le document de la Commission Foi et Constitution intitulé *Baptême, eucharistie, ministère,* dont nous avons parlé plus haut. Les deux premiers chapitres sur le baptême et l'eucharistie sont particulièrement propices à de fructueuses soirées de catéchèse avec d'autres chrétiens. Même le troisième chapitre sur le ministère, bien que plus hésitant, peut susciter une réflexion très valable.

   – Le document produit par le Conseil canadien des Églises, appelé *Initiation dans le Christ*, est constitué par des réflexions œcuméniques et un enseignement commun pour la préparation au baptême. Il est utile pour tout genre de rencontres sur le baptême et ses implications. Il a l'avantage de présenter une démarche concrète pour des groupes de discussion.

4. *Une célébration commune de la Parole de Dieu*. Une telle célébration peut paraître opportune pour souligner plus d'une fête chrétienne. Même certaines fêtes de la Vierge Marie, « notre mère commune[3] », peuvent être célébrées ensemble par tous les chrétiens, en prenant pour base les premiers chapitres de l'évangile selon saint Luc.

5. *Des retraites paroissiales*. On peut réunir des communautés chrétiennes de plusieurs confessions pour cette activité pastorale. Ces moments de retraite constituent des expériences qui marquent profondément les participants. On peut tenir les rencontres chaque soir dans une église de confession différente. Elles pourront être animées conjointe-

---

[3] Voir JEAN-PAUL II, *Redemptoris Mater*, lettre encyclique, 1987.

ment par un prédicateur non catholique et un prêtre catholique.

6. *L'anniversaire de fondation d'une paroisse.* Cette fête pourrait associer les chrétiens non catholiques présents sur le territoire de la communauté catholique. Et inversement. Lors de la célébration eucharistique, les pasteurs des autres Églises, même s'ils ne peuvent pas concélébrer, seront assis à une place d'honneur, qu'ils soient accompagnés ou non de leurs épouses ou époux.

7. *Les sessions de fin de semaine (ou en soirée).* Elles constituent une autre forme de sensibilisation à la cause de l'unité. Même si l'information y tient une plus grande place que lors d'une retraite, la prière ne doit jamais en être absente. Il est important que ces sessions soient conduites par des catholiques de concert avec des membres d'autres Églises. Ces rencontres sont toujours l'occasion d'une meilleure connaissance et appréciation mutuelle. En certaines régions du Québec, elles constitueront même, pour beaucoup de catholiques, la première rencontre signifiante avec un

frère ou une sœur d'une autre tradition chrétienne.

8. *Les rencontres de prière.* Elles sont fortement recommandées lors de la Semaine de prière pour l'unité des chrétiens, et elles demeurent possibles et bénéfiques tout au long de l'année. Lors d'événements spéciaux, heureux ou malheureux, en temps de crise, ou pour marquer un anniversaire local, la prière de tous les chrétiens d'une localité ou d'un quartier possède plus de force et offre un témoignage davantage percutant. De plus, ce genre de manifestation permet de développer l'esprit œcuménique des fidèles[4].

Équipes pastorales en institutions

Particulièrement dans les grandes agglomérations, les centres hospitaliers, les centres de détention, les universités, les foyers d'accueil et de nombreuses autres institutions disposent d'équipes pastorales multiconfessionnelles. À l'intérieur de ces équipes, les pasteurs et les agents de pastorale détiennent

---

[4] Voir Walter KASPER, *Manuel d'œcuménisme spirituel*, p. 64-67.

un mandat de leur Église propre. La pastorale de ces institutions est nécessairement planifiée de façon œcuménique, parfois même interreligieuse ou interspirituelle. Chaque personne engagée dans ces services doit bien entendu connaître la foi et les besoins spirituels de bénéficiaires aux appartenances diverses, et chercher à y répondre de son mieux, dans le plus grand respect des consciences et des confessions. Le principal problème qu'on rencontre alors est celui de la célébration eucharistique que l'aumônier catholique peut offrir régulièrement. Il arrive que des chrétiens non catholiques désirent y participer et même communier. La discipline officielle de l'Église catholique « ne le permet pas de façon habituelle ». Disons seulement qu'on peut faire une erreur pastorale sérieuse en refusant purement et simplement la communion eucharistique à un chrétien baptisé qui se présente de bonne foi. Il est important d'expliquer privément à de telles personnes la discipline catholique et ensuite, de respecter les consciences. Un zèle exagéré sur cette question fera souvent plus de tort que de bien.

Chapitre 6

LES SACREMENTS[1]

Les limites imposées par la conscience, dont parle le principe de Lund, se rencontrent particulièrement lorsqu'il s'agit de célébrer les sacrements. L'unité que nous avons déjà dans le Christ n'a pas encore atteint la perfection qui permettra la pleine communion sacramentelle. En effet, les chrétiens rencontrent au chapitre des sacrements une triple limite pas encore surmontée :

1. nous ne reconnaissons pas tous les mêmes sacrements ;
2. la doctrine sur les sacrements et la sacramentalité diffère selon les diverses traditions chrétiennes ; plus spécifiquement les doctrines issues de Luther, Calvin

---

[1] Dans cette section, en plus du *Directoire* déjà cité, nous nous appuyons largement sur le *Guide*.

et Zwingli divergent des doctrines catholique et orthodoxe ;

3. la reconnaissance des ministères ordonnés n'est pas universelle. Notons ici que l'Église catholique reconnaît les ministères des Églises d'Orient, de l'Église nationale polonaise et de l'Église Vieille catholique.

Il existe donc entre les Églises des degrés divers de communion ecclésiale, qui conditionnent la possibilité de célébrer ensemble tel ou tel sacrement. Pour toute cette question, on peut se référer à ce qu'en dit le *Guide canonique et pastoral au service des paroisses*[2]. Le principe qu'il pose au sujet de la liturgie du mariage entre un catholique et un non-catholique, selon le degré de foi et de vie sacramentelle vaut pour l'ensemble des célébrations où les sacrements peuvent être proposés.

En œcuménisme, il est vrai que la célébration des sacrements présente des difficultés, mais cela ne signifie nullement qu'on ne puisse rien faire à ce chapitre. Bien au contraire, la pastorale sacramentelle peut, elle aussi, être fécondée dans un esprit œcuménique. Le premier fruit de cet esprit œcuménique amènera les catholiques

---

[2] *Guide*, p. 147.

à faire grandir chez tous les chrétiens, par la prière et l'engagement actif, le désir de l'entière communion sacramentelle, où, l'unité visible étant retrouvée, les chrétiens pourront partager la même table eucharistique.

Le baptême[3]

Le baptême est certes le sacrement au sujet duquel il existe aujourd'hui le plus large consensus de foi et de doctrine, sinon de pratique, entre les chrétiens. Le chapitre sur le baptême du *BEM* et la réponse des Églises le montrent assez[4]. Le Décret conciliaire, pour sa part, parle du baptême comme étant « le lien sacramentel d'unité[5] ». On doit donc savoir que l'Église catholique reconnaît comme authentique et valide le baptême célébré avec de l'eau et la formule trinitaire. Les Églises citées dans le *Guide canonique et pastoral au service des paroisses* sont celles qui ont signé avec la Conférence des évêques catholiques du Canada en 1975, un accord de reconnaissance mutuelle du baptême. Toutefois, cela ne signifie pas que l'Église

---

[3] *Ibid.*, chapitre 1, 4-5 ; 9. 3.
[4] Voir plus haut, p. 39
[5] *Unitatis redintegratio*, n° 22.

catholique ne reconnaît pas le baptême d'autres confessions chrétiennes.

De manière générale, l'Église catholique reconnaît la validité des baptêmes célébrés dans certaines communions et confessions issues de la Réforme comme dans les Églises ayant conservé la succession apostolique[6].

D'un point de vue pastoral, il est donc souhaitable, lorsqu'on baptise l'enfant issu d'un mariage entre catholique et non-catholique, qu'on invite, avec la permission de l'Ordinaire, un pasteur non catholique à participer à la préparation et à la célébration du baptême, le prêtre catholique demeurant cependant seul pour présider et baptiser. Même au cours d'une célébration communautaire, la présence d'un pasteur non catholique sera, aux yeux des fidèles que l'on aura eu soin de préparer adéquatement, un témoignage tangible de l'unité du baptême chrétien. De façon plus générale, là où des chrétiens de diverses confessions sont présents dans les environs d'une paroisse catholique, il est souvent possible et utile de tenir ensemble des soirées de préparation au baptême à l'intention des parents. Pour ces rencontres,

---

[6] Voir le *Guide*, p. 162-163.

on pourra s'inspirer de l'excellent document du Conseil canadien des Églises dont nous parlions au chapitre précédent : *Initiation dans le Christ*. L'enseignement de ce document reflète ce qu'il y a de plus profond dans la foi baptismale et ce qui est commun à l'ensemble des chrétiens.

> Les images de la nouvelle naissance et de la régénération renforcent l'appel de Dieu à la conversion et à un renouvellement radical, exigeant la disparition des anciennes valeurs et priorités. Le croyant répond à l'appel de Dieu en se débarrassant de son ancienne manière de vivre et en « revêtant » le Christ ; il rend ainsi possible une nouvelle vie, pur don de Dieu[7].

L'eucharistie[8]

D'une manière générale, la discipline de l'Église catholique ne permet pas l'intercommunion, c'est-à-dire qu'une personne de foi catholique ne peut pas :

---

[7] CONSEIL CANADIEN DES ÉGLISES, *Initiation dans le Christ. Réflexions œcuméniques et enseignement commun pour la préparation au baptême*, p. 22.
[8] *Guide*, chapitres 3 et 9.

- communier dans une Église non catholique ;
- recevoir habituellement un non-catholique à la communion eucharistique dans son Église.

Il « existe un lien profond entre l'unité ecclésiale dans la même foi et la réception de l'Eucharistie. C'est pourquoi le catholique communie au corps du Christ, dans son Église, avec d'autres catholiques qui confessent, implicitement au moins, la même foi. Mais avec un frère d'une autre confession chrétienne qui se réclame d'une confession de foi qui diverge de la nôtre, la réception commune de l'Eucharistie n'est pas possible hors des cas de nécessité[9] ».

Comme l'affirme le *Guide canonique et pastoral au service des paroisses*, la « *communicatio in sacris* est le partage d'activités et de ressources spirituelles. Elle n'est plus considérée

---

[9] Conférence des évêques suisses, « L'hospitalité eucharistique » (Fribourg, 8 juillet 1986), *Foyers mixtes*, nº 74, janvier/mars 1987, p. 30-31.

comme un danger à l'unité de l'Église, mais il n'est pas permis non plus de la considérer comme un moyen à employer sans réserve pour rétablir l'unité des chrétiens[10] ». Elle est même encouragée quand les catholiques ont besoin ou l'occasion de participer à la vie sacramentelle des Églises orthodoxes quand la discipline de ces Églises permet une telle pratique[11]. Un catholique pourrait recevoir les sacrements auprès d'une Église occidentale dont le sacrement de l'ordre est reconnu comme étant valide[12].

Dans toute cette discussion, il serait profitable d'expliquer aux fidèles les différentes disciplines relativement aux sacrements de l'eucharistie, de la pénitence et de l'onction des malades. La pratique des Églises orthodoxes ou des Églises occidentales dont le sacrement de l'ordre est reconnu doit être distinguée de la pratique des communautés ecclésiales dont le sacrement de l'ordre n'est pas reconnu[13].

Cependant, il ne faut pas oublier qu'à ce sujet, le concile Vatican II n'a pas voulu garder une interdiction absolue comme autrefois,

---

[10] *Guide*, p. 164.
[11] *Unitatis redintegratio*, n° 15 ; *Directoire*, n°s 122-128.
[12] *Directoire*, n° 132.
[13] *Ibid.*, n°s 128-136.

mais a nuancé en ces termes : « Si l'on veut exprimer l'unité, on ne peut, la plupart du temps, pratiquer cette communication (*in sacris*). Le souci de procurer la grâce nous y autorise quelquefois. » Et concrètement, le Concile ajoute ces dispositions importantes : « Sur la façon pratique d'agir, eu égard aux circonstances de temps, de lieux et de personnes, c'est l'autorité épiscopale locale qui doit prudemment donner des instructions, à moins qu'il n'y ait eu d'autres dispositions de la conférence épiscopale, selon ses propres statuts, ou du Saint-Siège[14]. »

Dans cette foulée, le *Directoire* romain a pris des dispositions qui valent pour les sacrements de l'eucharistie, de la pénitence et de l'onction des malades[15]. Ces dispositions représentent une ouverture plus large que ce qui existait auparavant, puisque les conditions minimales nécessaires pour recevoir à la communion un baptisé non catholique sont :

Que la personne
« soit dans l'impossibilité d'avoir recours à un ministre de son Église ou Communauté ecclésiale,

---

[14] *Unitatis redintegratio*, n° 8.
[15] *Guide*, n°s 129-134.

qu'elle demande ce sacrement de son plein gré,

qu'elle manifeste la foi catholique en ce sacrement,

qu'elle soit dûment disposée[16] ».

Si, par ailleurs, un fidèle de l'Église catholique participe à la communion dans une autre Église, qu'on ne le traumatise pas outre mesure. Qu'on se rappelle plutôt la déclaration du synode de Suisse, en 1975 :

> Si un catholique, dans une situation exceptionnelle et après avoir pesé tous les motifs, en arrive à la conviction que sa conscience l'autorise à recevoir la Cène, cette démarche ne peut pas être interprétée comme impliquant nécessairement une rupture avec sa propre Église, même si la participation commune à l'Eucharistie demeure problématique aussi longtemps que dure la séparation des Églises[17].

---

[16] *Directoire*, n° 131, p. 165 ; *Code de droit canonique*, n° 844.
[17] Cinquième Assemblée synodale de Suisse (1er mars 1975), *La Documentation catholique*, n° 1677, 1er juin 1975, p. 530.

Le mariage[18]

L'union parfaite des personnes et le partage complet de la vie qui constituent l'état de mariage, sont plus aisément assurés quand les deux conjoints appartiennent à la même communauté de foi. Le mariage entre des personnes de la même communauté ecclésiale demeure l'objectif à recommander et assurer[19].

D'un point de vue pastoral, il est nécessaire de se souvenir de ce principe du *Directoire pour l'application des principes et des normes sur l'œcuménisme.* Cependant, quand un ou une catholique désire contracter mariage avec une personne d'une autre communauté ecclésiale, on accueillera un tel projet avec une bienveillance particulière. On se préoccupera alors de favoriser l'obtention des permissions nécessaires, ainsi que le demande le Droit

---

[18] *Guide*, chapitre 6. Deux articles de la revue *Œcuménisme* pourront utilement compléter la réflexion : « Les mariages mixtes », n° 82, juin 1990 et « Deux Églises : un foyer », n° 109, mars 1993.
[19] *Directoire*, n° 144.

canonique[20]. Il ne s'agit pas de décourager ces personnes de leur projet, quand les autres conditions humaines et religieuses sont normalement respectées. La famille étant la cellule de base de l'Église, une famille constituée de baptisés de confessions chrétiennes différentes devient une image prophétique de l'Église réconciliée et peut représenter un jalon de plus vers l'unité visible.

Dans la préparation de ces mariages, on peut souhaiter que le prêtre ou le pasteur de la partie non catholique soit invité à participer. Il est toujours bénéfique que les deux pasteurs rencontrent ensemble les époux, pour une meilleure compréhension des richesses spirituelles propres à chacune des deux traditions, et pour aider le couple à développer une relation positive de respect et de collaboration entre leurs deux Églises.

De plus, la présence du pasteur non catholique lors de la célébration du mariage contribuera à manifester avec plus de clarté la dimension d'unité chrétienne qu'exprime un mariage mixte. En ce cas, il est clairement établi que le prêtre catholique demeure le président de la célébration. Compte tenu

---

[20] *Code de droit canonique*, n° 1124.

de ce que dit le *Guide*[21], lorsque le mariage a lieu dans l'Église non catholique et est présidé par le prêtre ou le pasteur de cette Église (dispense de la forme canonique), la présence du prêtre catholique est tout aussi importante. Ce dernier peut participer « par une lecture, une allocution ou des prières[22] ». Ces mariages comptent parmi les plus belles occasions d'établir avec nos frères et sœurs des autres Églises des relations particulièrement signifiantes.

On remarquera que dans tous les passages du *Guide* où il est question de mariage mixte (mariage entre deux baptisés dont l'un est catholique et l'autre non catholique), on y parle de la « permission » de célébrer le mariage, non de sa « dispense ». C'est que dans le Code de droit canonique, l'appartenance à une Église chrétienne non catholique dont le baptême est reconnu par l'Église catholique[23] ne constitue pas un empêchement au mariage, et donc ne requiert pas de dispense, mais seulement une permission pour la licéité,

---

[21] *Guide*, p. 114.

[22] *Ibid.*, p. 112.

[23] Au Canada, le baptême est considéré comme valide chez les orientaux orthodoxes, chez les membres de l'Église anglicane, des confessions luthérienne, presbytérienne et de l'Église unie. D'après le *Guide*, p. 115.

non pour la validité. Pour le mariage entre un catholique et un membre d'une Église ou Communauté ecclésiale de l'ouest, une dispense de la forme canonique est requise dans le cas où le mariage n'est pas célébré selon le rite catholique[24].

Il faut aussi reconnaître les différences dans la théologie et la pratique du mariage des Églises orientales (orthodoxes et catholiques). Il peut être préférable que ces mariages soient célébrés selon le rite oriental pour que le mariage soit reconnu par les Églises orthodoxes. « Le mariage entre une partie catholique et un membre d'une Église orientale est valide s'il a été célébré selon un rite religieux par un ministre ordonné, pourvu que les autres règles du droit requises pour la validité aient été observées. Dans ce cas, la forme canonique de la célébration est requise pour la licéité. La forme canonique est requise pour la validité des mariages entre catholiques et chrétiens d'autres Églises et Communautés ecclésiales[25]. »

---

[24] *Directoire*, nos 154-156.
[25] *Ibid.*, no 153.

DEUX MISES AU POINT

La promesse : il n'est plus nécessaire d'exiger de serment écrit à propos du baptême dans la foi catholique des enfants à naître dans les foyers mixtes. Tout ce qui est demandé est que la partie catholique s'engage oralement, devant le ministre qui prépare le mariage, à faire « tout son possible » pour que ses enfants soient baptisés dans l'Église catholique et soient élevés dans la foi catholique, et que la partie non catholique en soit dûment informée[26]. Une telle démarche respecte davantage les exigences de conscience de la partie non catholique. Le ministre catholique rend compte par écrit de cette promesse et en prévient la partie non catholique.

L'admission à la communion eucharistique de la partie non catholique, lors de la célébration d'un mariage mixte : il importe de noter que le *Directoire* romain en ouvre la possibilité lorsqu'il écrit que « la décision d'admettre ou non la partie non catholique du mariage à la communion eucharistique, est à prendre en accord avec les normes générales

---

[26] *Guide*, p. 116 ; *Code de droit canonique*, nos 1125-1126.

existant en la matière [...] en tenant compte de cette situation particulière de la réception du sacrement de mariage chrétien par deux chrétiens baptisés[27] ».

Pastorale des couples mixtes

Il arrive qu'à la suite de la célébration d'un mariage mixte ou en disparité de culte, on perde de vue ces époux. Ils avaient pourtant été assez longuement accompagnés en préparation de cet événement. Et les difficultés que rencontrent les couples « inter-Églises » et « interreligieux » sont pourtant là, au quotidien de leur vie.

Il relève de la responsabilité des ministres du culte et des agents de pastorale d'apporter à ces couples les secours dont ils ont besoin. On pourra par exemple les regrouper quelques fois par année, dans la paroisse ou la région, de manière à favoriser un échange substantiel sur les difficultés et les défis qu'ils rencontrent ainsi que sur les joies et les enrichissements spirituels de leur expérience. Les époux pourront ainsi s'apporter une entraide précieuse.

---

[27] *Directoire*, n° 159.

CONCLUSION

On l'aura compris, la promotion de l'unité des chrétiens correspond à la volonté même du Christ Jésus. Il ne s'agit pas seulement d'un vœu mais d'un appel pressant. C'est pourquoi, dans la recherche et le service de l'unité, nous pouvons reconnaître l'action même de l'Esprit Saint qui « travaille au cœur des hommes » et qui incite « des peuples qui s'opposaient à faire ensemble une partie du chemin[1] ».

Il devient donc important de rendre grâce pour le regret et le repentir que la conscience des divisions cause dans la famille des enfants de Dieu. C'est là que naît le désir de servir l'unité et l'énergie pour la construire. La rencontre et la reconnaissance des frères et des sœurs séparés, comme on se plaisait à dire à la suite du concile Vatican II, permet de

---

[1] Préface de la Prière eucharistique pour la réconciliation II.

mesurer l'ampleur de nos divisions. La tâche de réunir tous ces enfants dispersés dans le respect de leurs traditions propres n'est pas de tout repos. Chaque étape semble être le fruit de longues et délicates négociations.

Il faut donc encore remercier le Seigneur de conserver au milieu de nous des hommes et des femmes habités par le souci de servir l'unité des chrétiens et des chrétiennes. La prière aux intentions de ceux et celles qui portent le souci de l'unité dans leur cœur et dans leurs actions devra demeurer en chacune des Églises chrétiennes un souci constant. En d'autres termes, cette préoccupation doit dépasser le cadre de la Semaine annuelle de prière pour l'unité.

L'unité retrouvée et accomplie est une nécessité. Il en va de la crédibilité du message du Christ dans un monde qui a besoin de la Bonne Nouvelle.

BIBLIOGRAPHIE

Assemblée des évêques catholiques du Québec, *Guide canonique et pastoral au service des paroisses. Édition canadienne*, Montréal, Wilson et Lafleur, 2006.

Comité des rapports interculturels et interreligieux de l'Assemblée des évêques catholiques du Québec, *Le dialogue interreligieux dans un Québec pluraliste*, Montréal, Médiaspaul, 2007.

Concile Vatican II, *Unitatis redintegratio*, décret sur l'œcuménisme, 1964.

Conseil pontifical pour la promotion de l'unité chrétienne, *Directoire pour l'application des principes et des normes d'œcuménisme*, 1993.

Conseil pontifical pour la promotion de l'unité chrétienne, *La dimension œcuménique de la formation de ceux qui travaillent dans le ministère pastoral*, 1995.

Jean-Paul II, *Ut unum sint*, encyclique sur l'engagement œcuménique, 1995.

Jean-Paul II, *Orientale Lumen*, lettre apostolique, 1995.

Kasper, Walter, *Manuel d'œcuménisme spirituel*, Paris, Nouvelle Cité, 2007.

Girault René et Jean Vernette, *Croire en dialogue. Chrétiens devant les religions, les Églises, les sectes*, Limoges, Droguet et Ardent, 1979.

Théo. L'encyclopédie catholique pour tous, Paris, Droguet et Ardent/Fayard, 1989, aux rubriques « Œcuménisme » et « Unité des chrétiens », surtout les pages 582-590 et 1072-1073.

Internet

Centre canadien d'œcuménisme :
www.oikoumene.ca

Centro Pro Unione (base de données avec les textes de toutes les commissions bilatérales – en anglais) :
www.prounione.urbe.it/dia-int/e_dialogues.html

Conseil canadien des Églises :
www.councilofchurches.ca/fr/

Conseil œcuménique des Églises :
www.oikoumene.org/fr/coe.html

Gardiens de la Création :
www.gardienscreation.org

Œcuménisme au Canada :
www.oecumenisme.ca

Conférence des évêques catholiques du Canada :
http ://www.cccb.ca/site/frc/commissions-comites-et-conseil-autochtone/commissions-nationales/unite-chretienne-relations-religieuses-avec-les-juifs-et-dialogue-interreligieux/dialogues

Le Saint-Siège :

http ://www.vatican.va/roman_curia/
pontifical_councils/chrstuni/index_fr.htm

Grands accords œcuméniques

Catechesi tradendae (CT), exhortation apostolique,
1979.

Document sur *la collaboration œcuménique* au plan
régional, national et local, SPUC, SI 29, 1975,
p. 8-34.

Evangelii nuntiandi (EN), exhortation apostolique,
1975.

Ex corde Ecclesiae, La Constitution apostolique,
AAS 1990, 1475-1509.

*Instruction sur l'admission d'autres chrétiens à la
communion eucharistique dans l'Église catholique,
AAS* 1972, 518-525.

Matrimonia mixta, motu proprio, *AAS* 1970, 257-
263.

*Note sur certaines interprétations de l'*Instruction
sur les cas d'admission d'autres chrétiens à
la communion eucharistique dans l'Église
catholique, *AAS* 1973, 616-619.

Rapport final du Synode extraordinaire des
évêques, 1985.

Ratio fundamentalis Institutionis Sacerdotalis, de la
Congrégation pour l'Éducation catholique,
Rome, 1985.

Réflexions et suggestions concernant le dialogue œcuménique, SPUC, *Service d'information* (SI) 12, 1970, p. 3-11.

Sapientia christiana (SC), constitution apostolique sur les universités et facultés ecclésiastiques, 1979.

TABLE DES MATIÈRES

Achevé d'imprimer
sur les presses de
Imprimerie H.L.N.
Imprimé au Canada - Printed in Canada